Impressum
Verlag: BABADADA GmbH, Nedderfeld 112 , 22529 Hamburg
Geschäftsführer / Verlagsleitung: Harald Hof
Druck: Books on Demand GmbH, In de Tarpen 42, 22848 Norderstedt

Imprint
Publisher: BABADADA GmbH, Nedderfeld 112 , 22529 Hamburg, Germany
Managing Director / Publishing direction: Harald Hof
Print: Books on Demand GmbH, In de Tarpen 42, 22848 Norderstedt

l'école
école

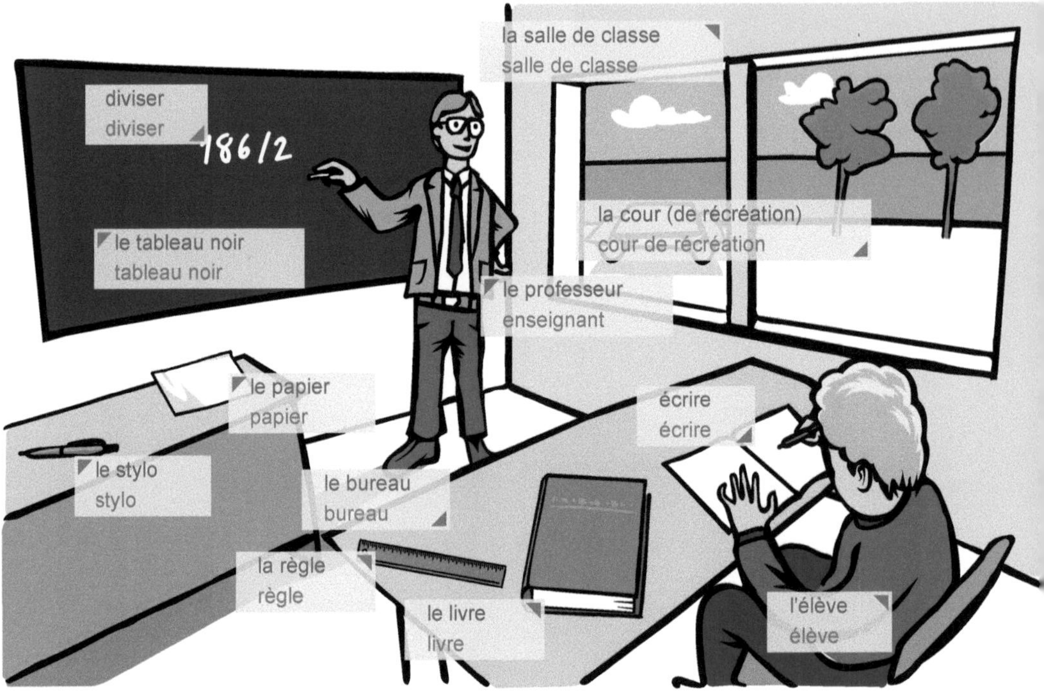

la salle de classe
salle de classe
diviser
diviser
186/2
la cour (de récréation)
cour de récréation
le tableau noir
tableau noir
le professeur
enseignant
le papier
papier
écrire
écrire
le stylo
stylo
le bureau
bureau
la règle
règle
le livre
livre
l'élève
élève

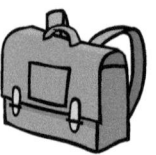

le cartable
sac d'école

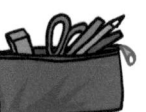

la trousse
trousse

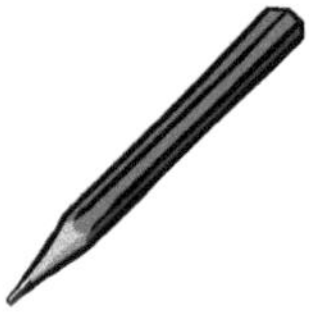

le crayon
crayon

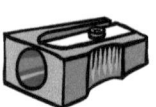

le taille-crayon
taille-crayon

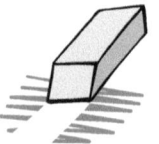

la gomme
gomme

le carnet à dessin
carnet à dessin

le dessin
....
dessin

le pinceau
....
pinceau

la boîte de peinture
....
boîte de peinture

les ciseaux
....
ciseaux

la colle
....
colle

le cahier d'exercices
....
cahier d'exercices

les devoirs
....
tâches

le chiffre
....
chiffre

additionner
....
additionner

soustraire
....
soustraire

multiplier
....
multiplier

calculer
....
calculer

la lettre
....
lettre

l'alphabet
....
alphabet

le mot
....
mot

le texte

texte

lire

lire

la craie

craie

la leçon

leçon

le livre de classe

livre de classe

l'examen

examen

le certificat

certificat

l'uniforme scolaire

uniforme scolaire

la formation

formation

le lexique

lexique

l'université

université

le microscope

microscope

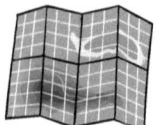

la carte

carte

la corbeille à papier

corbeille à papier

le voyage
voyage

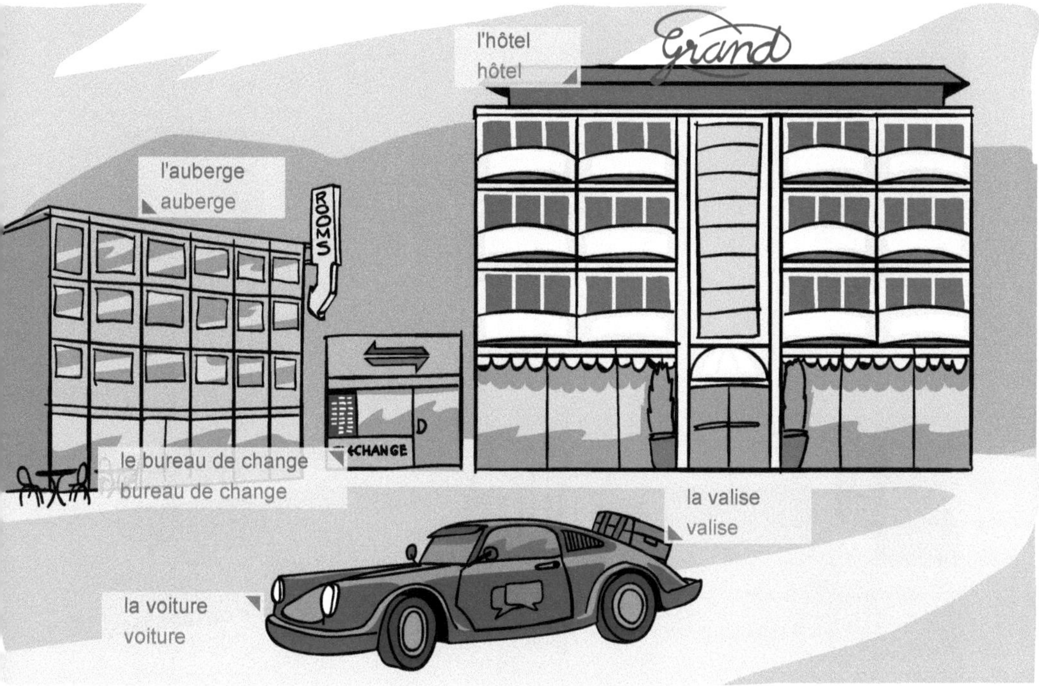
l'hôtel
hôtel
Grand
l'auberge
auberge
ROOMS
le bureau de change
bureau de change
CHANGE
la valise
valise
la voiture
voiture

la langue
langue

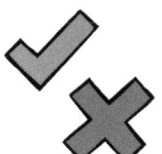

oui / non
oui / non

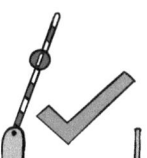

d'accord
d'accord

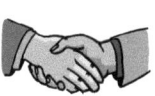

Salut
Salut

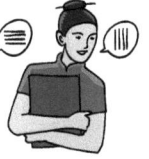

l'interprète
interprète

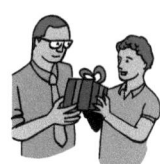

merci
merci

Combien coûte...?

Combien coûte...?

Je ne comprends pas

Je ne comprends pas

le problème

problème

Bonsoir !

Bonsoir!

Bonjour !

Bonjour!

Bonne nuit !

Bonne nuit!

Au revoir

Au revoir

la direction

direction

les bagages

bagages

le sac

sac

le sac-à-dos

sac-à-dos

l'hôte

hôte

la pièce

pièce

le sac de couchage

sac de couchage

la tente

tente

le voyage - voyage

l'office de tourisme

office de tourisme

la plage

plage

la carte de crédit

carte de crédit

le petit-déjeuner

petit-déjeuner

le déjeuner

déjeuner

le dîner

dîner

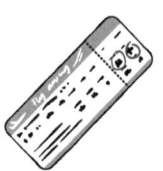

le billet

billet

l'ascenseur

ascenseur

le timbre

timbre

la frontière

frontière

la douane

douane

l'ambassade

ambassade

le visa

visa

le passeport

passeport

le voyage - voyage

le transport

transport

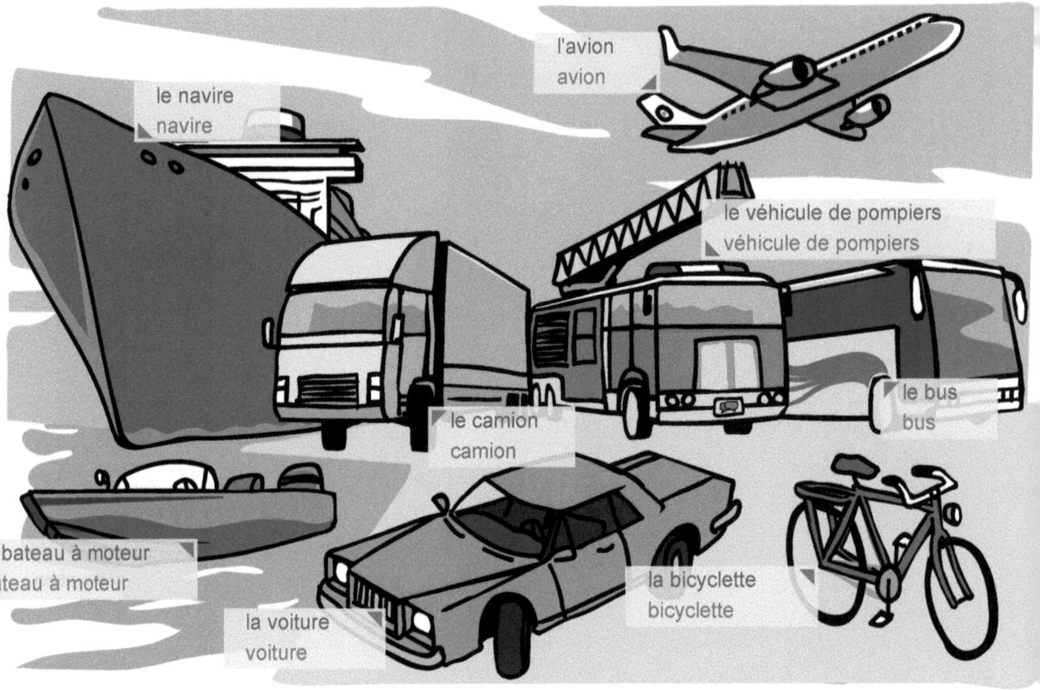

l'avion
avion
le navire
navire
le véhicule de pompiers
véhicule de pompiers
le bus
bus
le camion
camion
bateau à moteur
ateau à moteur
la bicyclette
bicyclette
la voiture
voiture

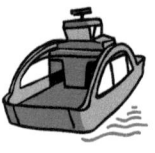

le ferry

ferry

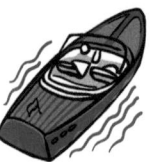

la barque

barque

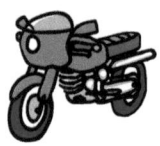

la moto

moto

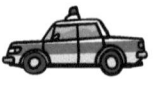

la voiture de police

voiture de police

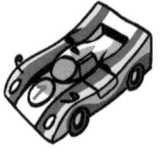

la voiture de course

voiture de course

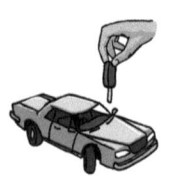

la voiture de location

voiture de location

l'auto-partage

autopartage

la voiture de remorquage

dépanneuse

la benne à ordures

benne à ordures

le moteur

moteur

l'essence

essence

la station d'essence

station d'essence

le panneau indicateur

panneau indicateur

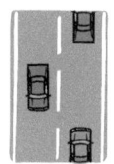

le trafic

trafic

l'embouteillage

embouteillage

le parking

parking

la gare

gare

les rails

rails

le train

train

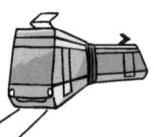

le tramway

tram

le wagon

wagon

l'hélicoptère

hélicoptère

l'aéroport

aéroport

la tour

tour

le passager

passager

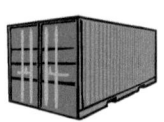

le conteneur

container

le carton

carton

le chariot

chariot

la corbeille

corbeille

décoller / atterrir

décoller / atterrir

la ville

ville

le village

village

le centre-ville

centre-ville

la maison

maison

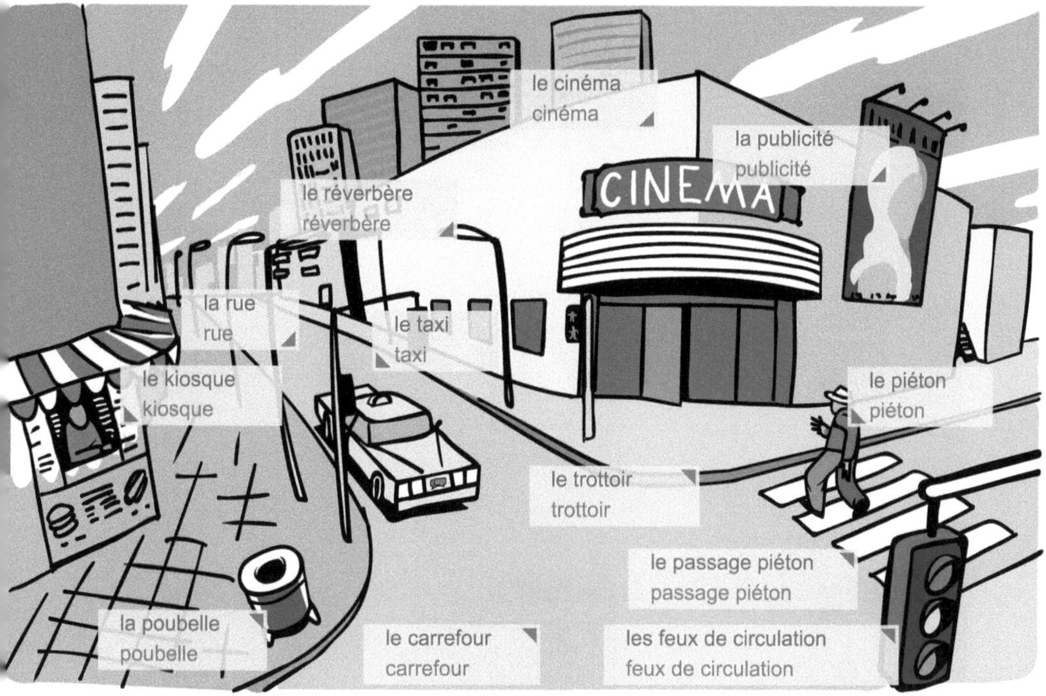

le cinéma
cinéma

la publicité
publicité

le réverbère
réverbère

CINEMA

la rue
rue

le taxi
taxi

le piéton
piéton

le kiosque
kiosque

le trottoir
trottoir

le passage piéton
passage piéton

la poubelle
poubelle

le carrefour
carrefour

les feux de circulation
feux de circulation

la cabane
cabane

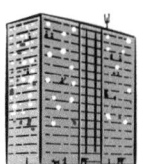

l'appartement
appartement

la gare
gare

la mairie
mairie

le musée
musée

l'école
école

l'université

université

la banque

banque

l'hôpital

hôpital

l'hôtel

hôtel

la pharmacie

pharmacie

le bureau

bureau

la librairie

librairie

le magasin

magasin

le fleuriste

fleuriste

le supermarché

supermarché

le marché

marché

le grand magasin

grand magasin

la poissonnerie

poissonnerie

le centre commercial

centre commercial

le port

port

le parc

parc

la banque

banque

le pont

pont

les escaliers

escaliers

le métro

métro

le tunnel

tunnel

l'arrêt de bus

arrêt de bus

le bar

bar

le restaurant

restaurant

la boîte à lettres

boîte à lettres

le panneau indicateur

panneau indicateur

le parcmètre

parcomètre

le zoo

zoo

le réverbère

réverbère

la mosquée

mosquée

la ferme

ferme

la pollution

pollution

la cimetière

cimetière

l'église

église

l'aire de jeux

aire de jeux

le temple

temple

le paysage

paysage

la feuille
feuille

le panneau indicateur
panneau indicateur

le chemin
chemin

le pré
pré

la pierre
pierre

le randonneur
randonneur

l'arbre
arbre

la rivière
rivière

l'herbe
herbe

la fleur
fleur

la vallée

vallée

la montagne

montagne

le lac

lac

la forêt

forêt

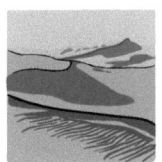

le désert

désert

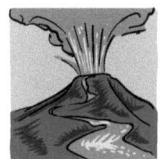

le volcan

volcan

le château

château

l'arc-en-ciel

arc-en-ciel

le champignon

champignon

le palmier

palmier

le moustique

moustique

la mouche

mouche

les fourmis

fourmis

l'abeille

abeille

l'araignée

araignée

le paysage - paysage

le coléoptère

scarabée

la grenouille

grenouille

l'écureuil

écureuil

le hérisson

hérisson

le lièvre

lapin

la chouette

chouette

l'oiseau

oiseau

le cygne

cygne

le sanglier

sanglier

le cerf

cerf

l'élan

élan

le barrage

barrage

l'éolienne

éolienne

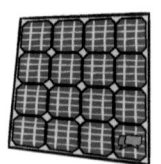

le panneau solaire

panneau solaire

le climat

climat

le restaurant
restaurant

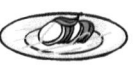

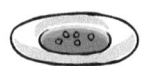

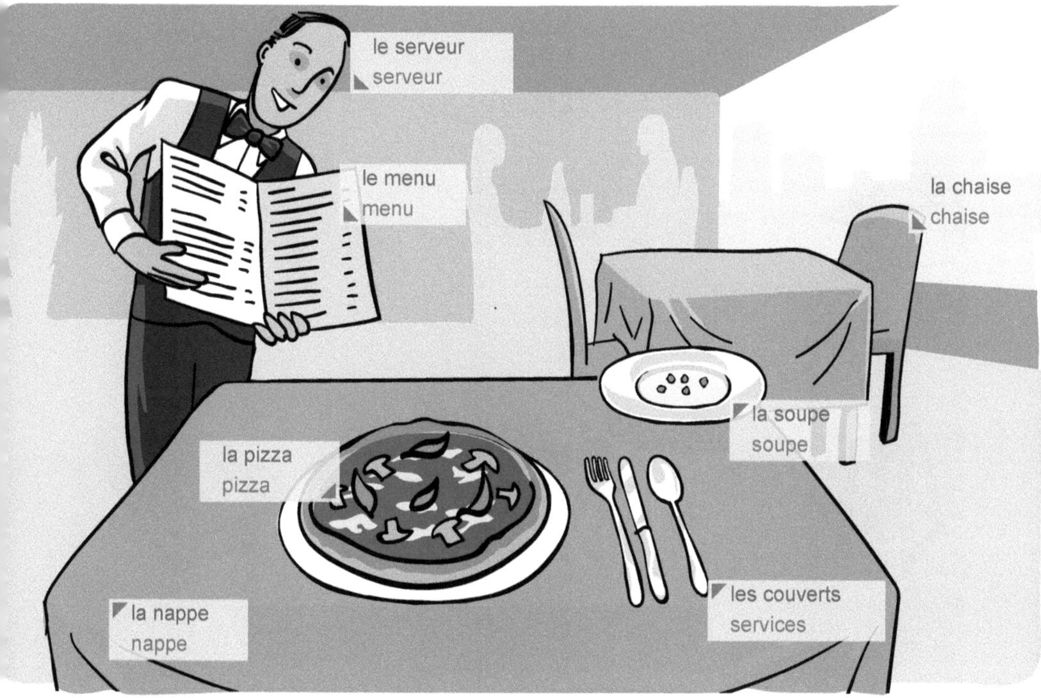
le serveur
serveur
le menu
menu
la chaise
chaise
la soupe
soupe
la pizza
pizza
les couverts
services
la nappe
nappe

les hors d'œuvre
....
hors d'œuvre

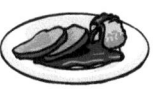

le plat principal
....
plat principal

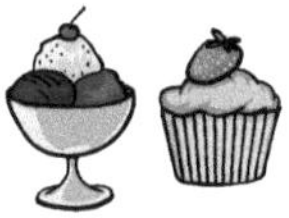

le dessert
....
dessert

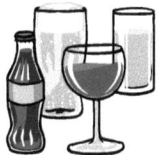

les boissons
....
boissons

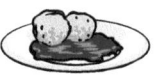

l'alimentation
....
alimentation

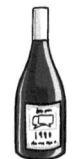

la bouteille
....
bouteille

le fast-food

fast-food

les plats à emporter

plats à emporter

la théière

théière

le sucrier

sucrier

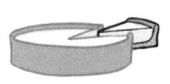

la portion

portion

la machine à expresso

machine à expresso

la chaise haute

chaise haute

la facture

facture

le plateau

plateau

le couteau

couteau

la fourchette

fourchette

la cuillère

cuillère

la cuillère à thé

cuillère à thé

la serviette

serviette

le verre

verre

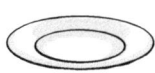

l'assiette
assiette

l'assiette à soupe
assiette à soupe

la soucoupe
soucoupe

la sauce
sauce

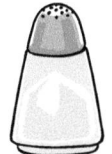

la salière
salière

le moulin à poivre
moulin à poivre

le vinaigre
vinaigre

l'huile
huile

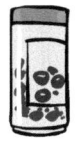

les épices
épices

le ketchup
ketchup

la moutarde
moutarde

la mayonnaise
mayonnaise

le supermarché
supermarché

l'offre promotionnelle
offre promotionnelle
FOR
le client
client
les produits laitiers
produits laitiers
les fruits
fruits
le chariot
caddie

BUTCHERS

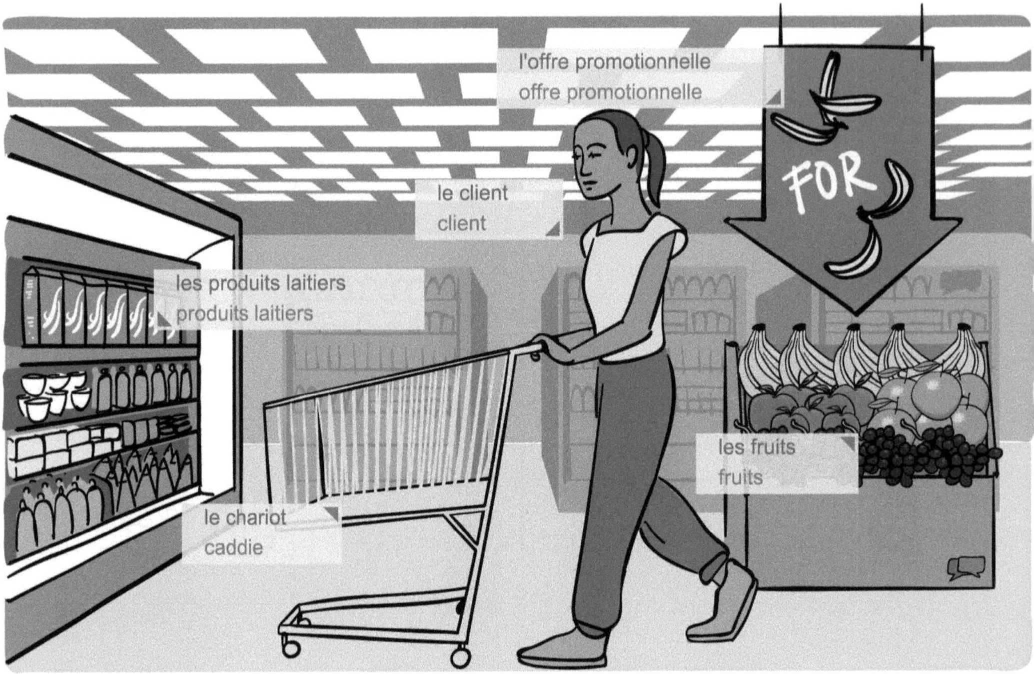

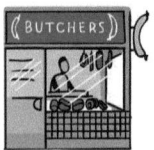

la boucherie

boucherie

BAKERY

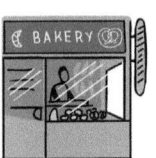

la boulangerie

boulangerie

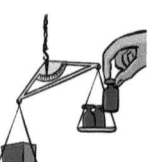

peser

peser

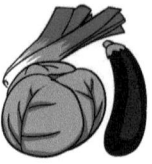

les légumes

légumes

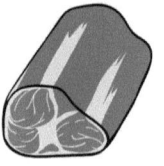

la viande

viande

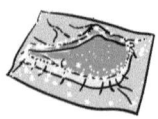

les aliments surgelés

aliments surgelés

la charcuterie

charcuterie

les conserves

conserves

la poudre à lessive

poudre à lessive

les bonbons

bonbons

les articles ménagers

articménagers

les détergents

détergents

la vendeuse

vendeuse

la caisse

caisse

le caissier

caissier

la liste d'achats

liste d'achats

les heures d'ouverture

heures d'ouverture

le portefeuille

portefeuille

la carte de crédit

carte de crédit

le sac

sac

le sac en plastique

sac en plastique

boissons

l'eau

eau

le jus de fruit

jus de fruit

le lait

lait

le coca

coca

le vin

vin

la bière

bière

l'alcool

alcool

le chocolat chaud

chocolat chaud

le thé

thé

le café

café

l'expresso

expresso

le cappuccino

cappuccino

la banane

banane

la pomme

pomme

l'orange

orange

le melon

melon

le citron.

citron

la carotte

carotte

l'ail

ail

le bambou

bambou

l'oignon

oignon

le champignon

champignon

les noisettes

noisettes

les pâtes

pâtes

les spaghetti

spaghettis

le riz

riz

la salade

salade

les pommes frites

frites

les pommes de terre rôties

pommes de terre rôties

la pizza

pizza

le hamburger

hamburger

le sandwich

sandwich

l'escalope

escalope

le jambon

jambon

le salami

salami

la saucisse

saucisse

le poulet

poulet

le rôti

rôti

le poisson

poisson

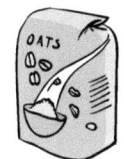

les flocons d'avoine

flocons d'avoine

le muesli

muesli

les cornflakes

cornflakes

la farine

farine

le croissant

croissant

les petits-pains

petits-pains

le pain

pain

le pain grillé

pain grillé

les biscuits

biscuits

le beurre

beurre

le fromage blanc

fromage blanc

le gâteau

gâteau

l'œuf

œuf

l'œuf au plat

œuf au plat

le fromage

fromage

l'alimentation - alimentation

la glace

glace

le sucre

sucre

le miel

miel

la confiture

confiture

la crème nougat

crème nougat

le curry

curry

la ferme
ferme

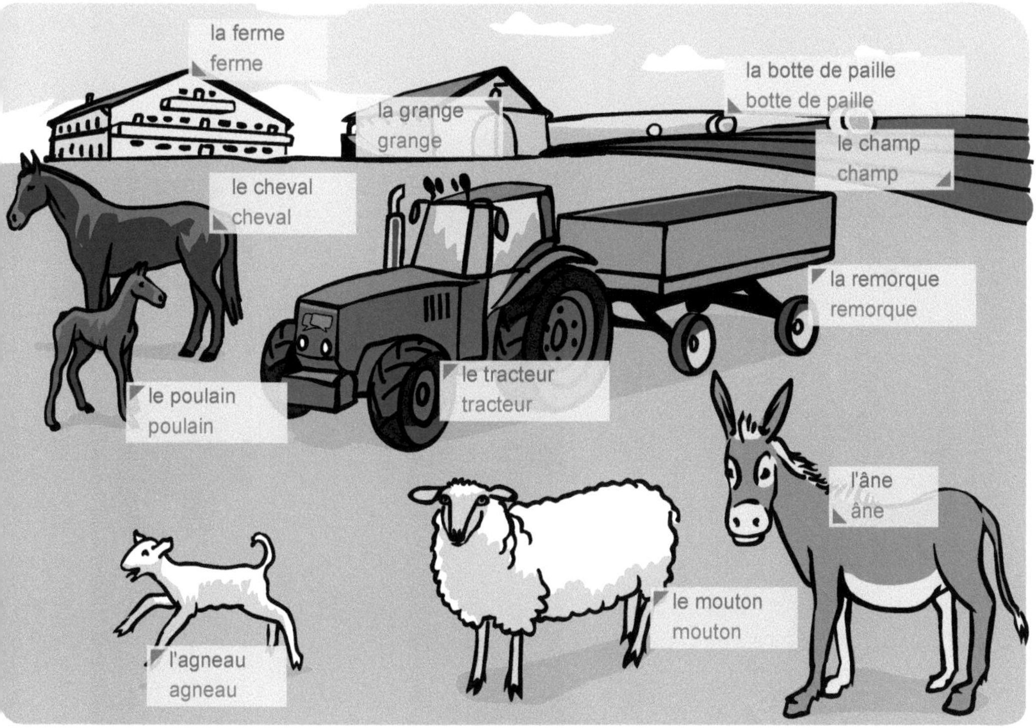
la ferme
ferme
la grange
grange
la botte de paille
botte de paille
le champ
champ
le cheval
cheval
la remorque
remorque
le tracteur
tracteur
le poulain
poulain
l'âne
âne
le mouton
mouton
l'agneau
agneau

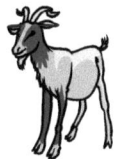

la chèvre

chèvre

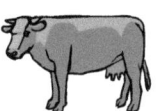

la vache

vache

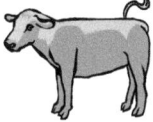

le veau

veau

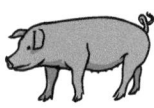

le porc

porc

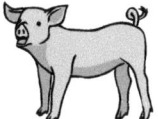

le porcelet

porcelet

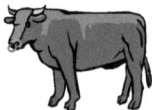

le taureau

taureau

l'oie

oie

le canard

canard

le poussin

poussin

la poule

poule

le coq

coq

le rat

rat

le chat

chat

la souris

souris

le bœuf

bœuf

le chien

chien

le chenil

chenil

le tuyau de jardin

tuyau de jardin

l'arrosoir

arrosoir

la faucheuse

faucheuse

la charrue

charrue

la faucille

faucille

la pioche

pioche

la fourche

fourche

la hache

hache

la brouette

brouette

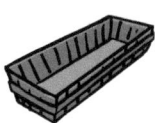

la cuve

cuve

le pot à lait

pot à lait

le sac

sac

la clôture

clôture

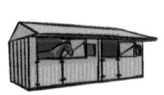

l'étable

étable

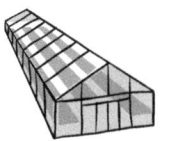

le serre

serre

le sol

sol

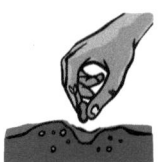

les semences

semences

l'engrais

engrais

la moissonneuse-batteuse

moissonneuse-batteuse

récolter

récolter

la récolte

récolte

l'igname

igname

le blé

blé

le soja

soja

la pomme de terre

pomme de terre

le maïs

maïs

le colza

colza

l'arbre fruitier

arbre fruitier

le manioc

manioc

les céréales

céréales

la maison
maison

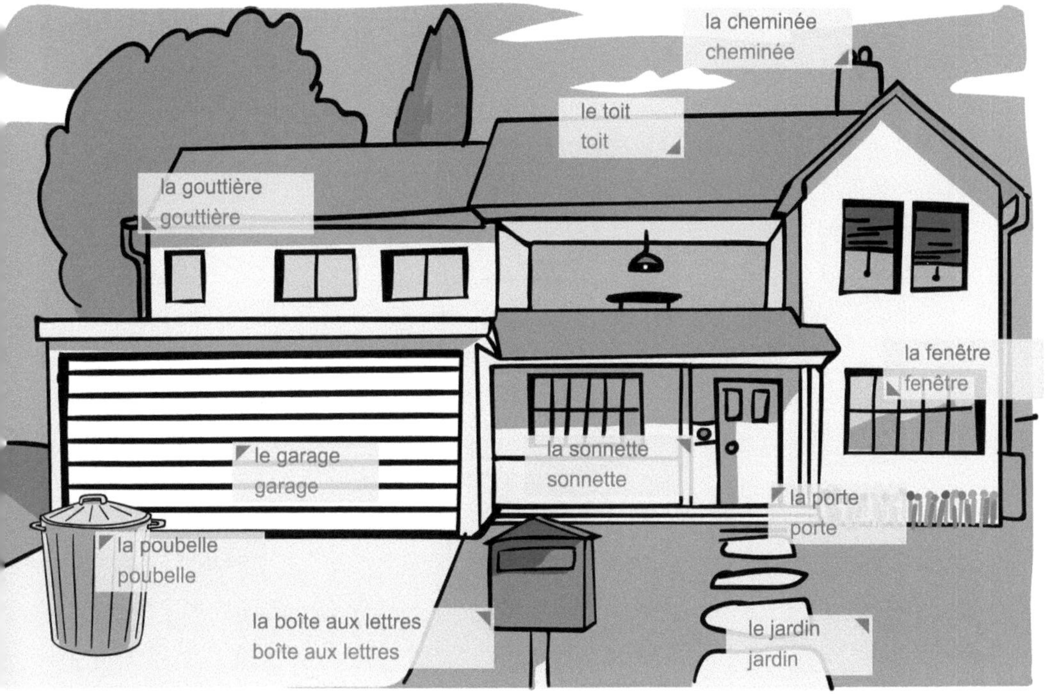
la cheminée
cheminée
le toit
toit
la gouttière
gouttière
la fenêtre
fenêtre
le garage
garage
la sonnette
sonnette
la porte
porte
la poubelle
poubelle
la boîte aux lettres
boîte aux lettres
le jardin
jardin

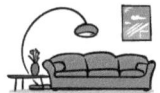

le salon

salon

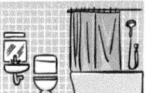

la salle de bain

chambre de bain

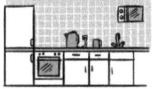

la cuisine

cuisine

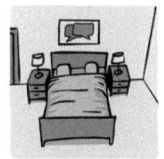

la chambre à coucher

chambre à coucher

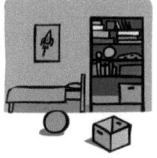

la chambre d'enfant

chambre d'enfant

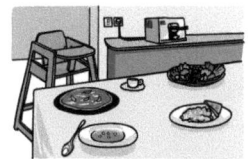

la salle à manger

salle à manger

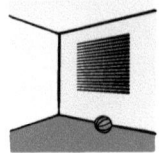

le sol

sol

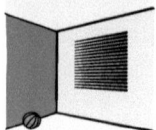

le mur

mur

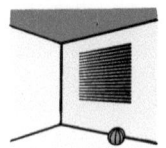

le plafond

plafond

la cave

cave

le sauna

sauna

le balcon

balcon

la terrasse

terrasse

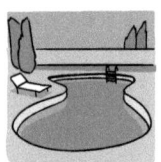

la piscine

piscine

la tondeuse à gazon

tondeuse à gazon

la housse

fourre de duvet

la couette

couette

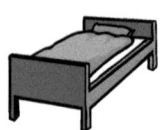

le lit

lit

le balai

balai

le sceau

sceau

l'interrupteur

interrupteur

le salon
salon

le papier peint
papier peint
l'image
image
la lampe
lampe
l'étagère
étagère
l'armoire
armoire
la télé
télé
la cheminée
cheminée
la fleur
fleur
le coussin
coussin
le sofa
canapé
le vase
vase
la télécommande
télécommande

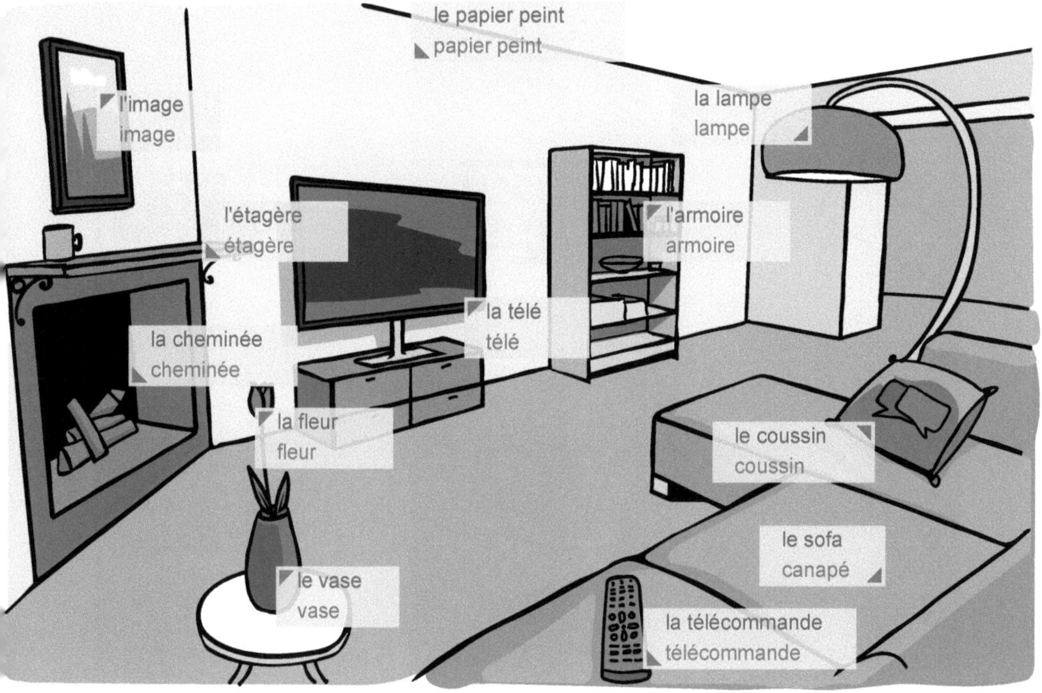

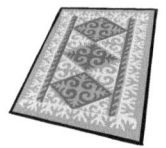

le tapis

tapis

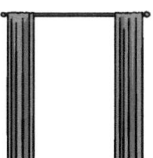

le rideau

rideau

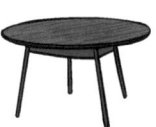

la table

table

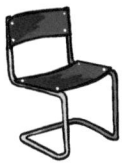

la chaise

chaise

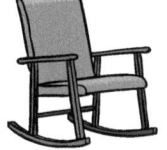

la chaise à bascule

chaise à bascule

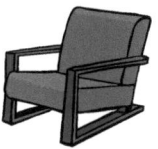

le fauteuil

fauteuil

le livre

livre

la couverture

couverture

la décoration

décoration

le bois de chauffage

bois de chauffage

le film

film

la chaîne hi-fi

chaîne hi-fi

la clé

clé

le journal

journal

la peinture

peinture

le poster

poster

la radio

radio

le bloc-notes

bloc-notes

l'aspirateur

aspirateur

le cactus

cactus

la bougie

bougie

la cuisine

cuisine

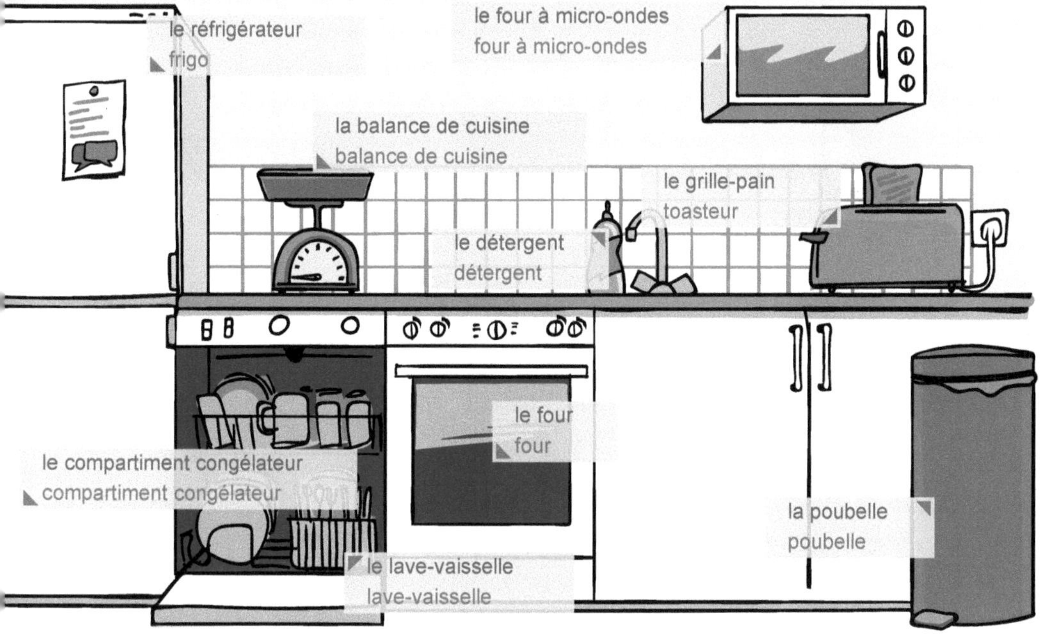

le réfrigérateur
frigo
le four à micro-ondes
four à micro-ondes
la balance de cuisine
balance de cuisine
le grille-pain
toasteur
le détergent
détergent
le four
four
le compartiment congélateur
compartiment congélateur
la poubelle
poubelle
le lave-vaisselle
lave-vaisselle

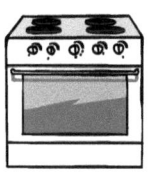

le four

four

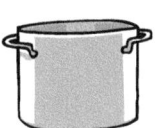

la casserole

casserole

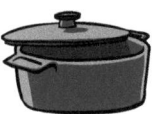

la marmite

marmite

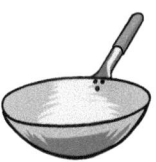

le wok / kadai

wok/kadai

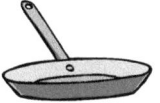

la poêle

poêle

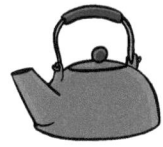

la bouilloire electrique

bouilloire électrique

le cuiseur vapeur

cuiseur vapeur

la plaque de cuisson

plaque de cuisson

la vaisselle

vaisselle

le gobelet

gobelet

la coupe

bol

les baguettes

baguettes

la louche

louche

la spatule

spatule

le fouet

fouet

la passoire

passoire

le tamis

tamis

la râpe

râpe

le mortier

mortier

le barbecue

barbecue

la cheminée

cheminée

la planche à découper

planche à découper

le rouleau à pâtisserie

rouleau à pâtisserie

le tire-bouchon

tire-bouchon

la boîte

boîte

l'ouvre-boîte

ouvre-boîte

les maniques

maniques

le lavabo

lavabo

la brosse

brosse

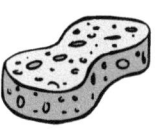

l'éponge

éponge

le mixeur

mixeur

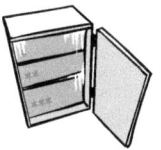

le congélateur

congélateur

le biberon

biberon

le robinet

robinet

la salle de bain
chambre de bain

la douche
douche
le chauffage
chauffage
la serviette
serviette
le rideau de douche
rideau de douche
le bain moussant
bain moussant
la baignoire
baignoire
le verre
verre
la machine à laver
machine à laver
le robinet
robinet
le carrelage
carrelage
le pot
pot
le lavabo
lavabo

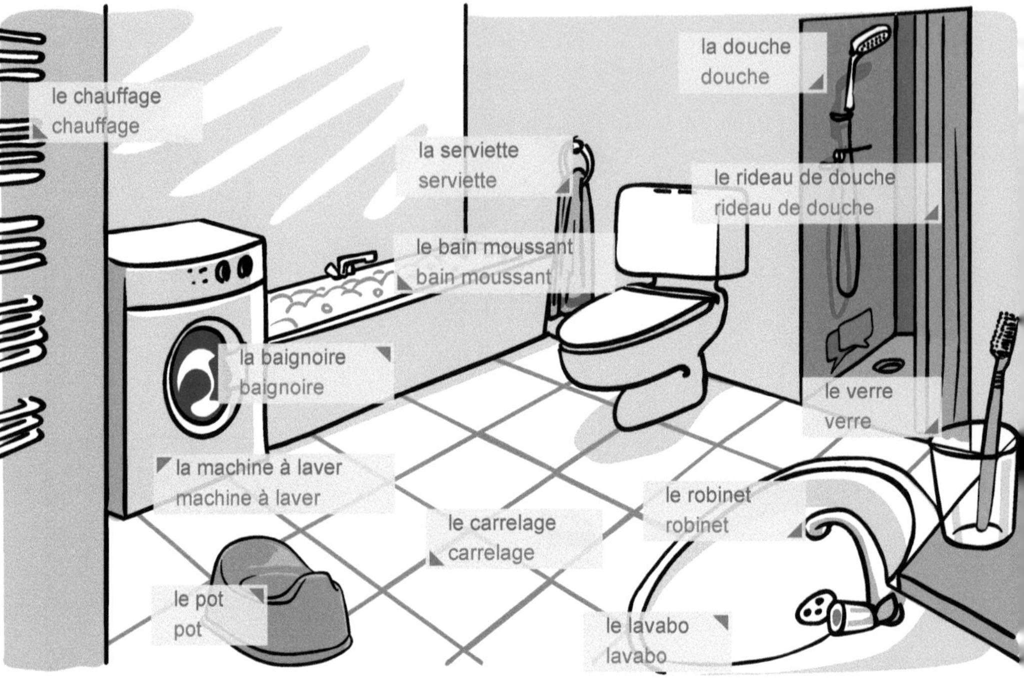

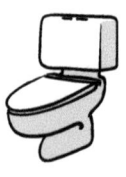

les toilettes

toilettes

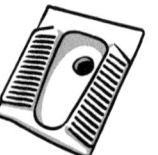

la toilette à la turque

toilette à turque

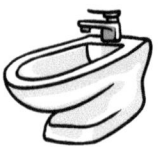

le bidet

bidet

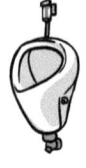

l'urinoir

urinoir

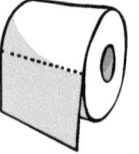

le papier toilette

papier toilette

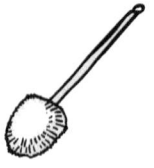

la brosse à toilette

brosse à toilette

la brosse à dents

brosse à dents

le dentifrice

dentifrice

le fil dentaire

fil dentaire

laver

laver

la douche manuelle

douche manuelle

la douche intime

douche intime

la vasque

vasque

la brosse dorsale

brosse dorsale

le savon

savon

le gel douche

gel douche

le shampooing

shampooing

le gant de toilette

gant de toilette

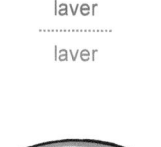

l'écoulement

écoulement

la crème

crème

le déodorant

déodorant

le miroir

miroir

le miroir cosmétique

miroir cosmétique

le rasoir

rasoir

la mousse à raser

mousse à raser

l'après-rasage

après-rasage

la peigne

peigne

la brosse

brosse

le sèche-cheveux

sèche-cheveux

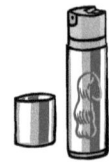

la laque pour cheveux

laque pour cheveux

le fond de teint

fond de teint

le rouge à lèvres

rouge à lèvres

le vernis à ongles

vernis à ongles

l'ouate

ouate

le coupe-ongles

coupe-ongles

le parfum

parfum

la trousse de toilette

trousse de toilette

le tabouret

tabouret

le pèse-personne

balance

le peignoir

peignoir

les gants de nettoyage

gants de nettoyage

le tampon

tampon

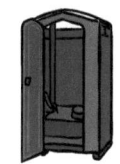

les serviettes hygiéniques

serviettes hygiéniques

la toilette chimique

toilette chimique

la chambre d'enfant

chambre d'enfant

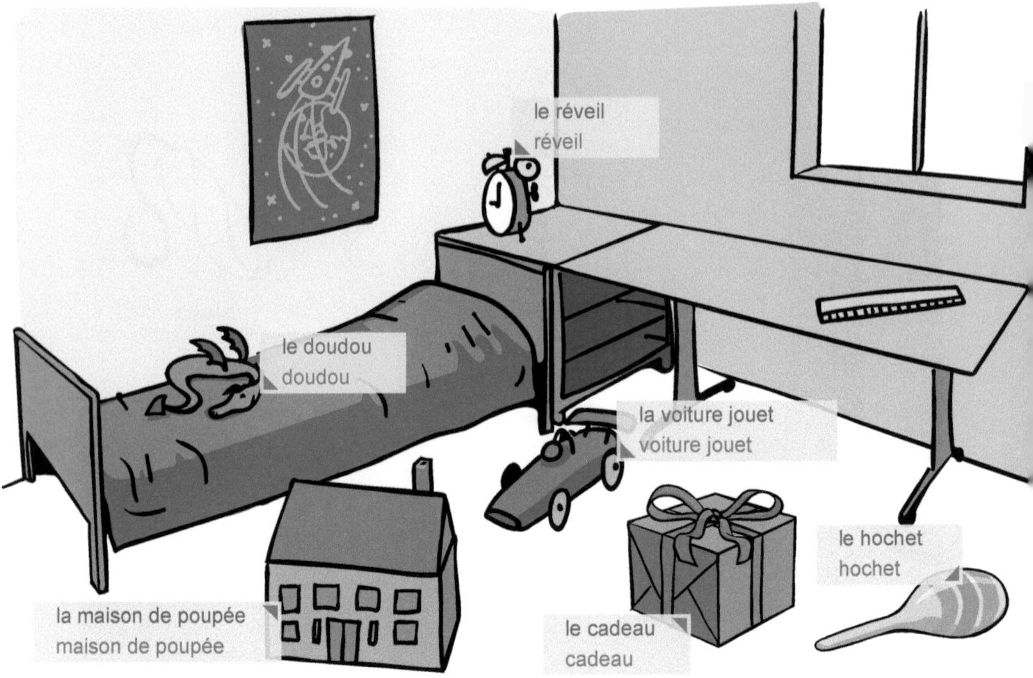

le réveil
réveil
le doudou
doudou
la voiture jouet
voiture jouet
le hochet
hochet
la maison de poupée
maison de poupée
le cadeau
cadeau

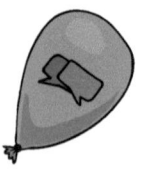

le ballon

ballon

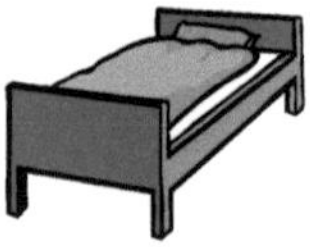

le lit

lit

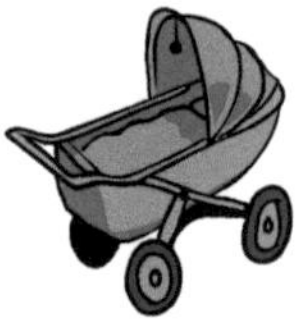

la poussette

poussette

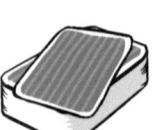

le jeu de cartes

jeu de cartes

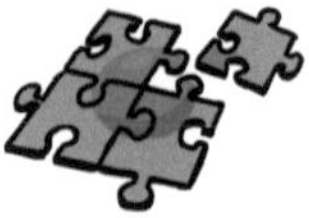

le puzzle

puzzle

SUPER
MEGA

la bande dessinée

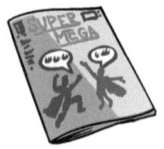

bande dessinée

les pièces lego

pièces lego

les blocs de construction

blocs de construction

la figurine

figurine

la grenouillère

grenouillère

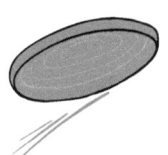

le frisbee

frisbee

le mobile

mobile

le jeu de société

jeu de société

le dé

dé

le train miniature

train miniature

la sucette

sucette

la fête

fête

le livre d'images

livre d'images

la balle

balle

la poupée

poupée

jouer

jouer

le bac à sable

bac à sable

la balançoire

balançoire

les jouets

jouets

la console de jeu

console de jeu

le tricycle

tricycle

l'ours en peluche

ours en peluche

l'armoire

armoire

les vêtements

vêtements

les chaussettes

chaussettes

les bas

bas

le collant

collant

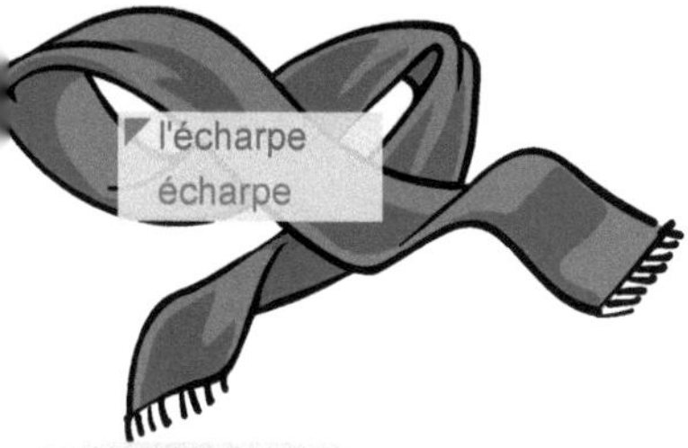

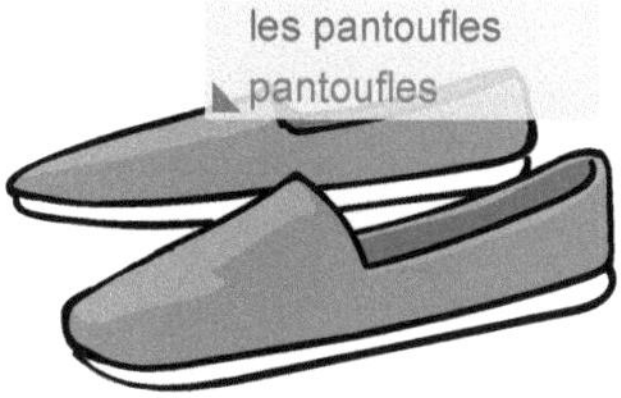

l'écharpe
écharpe

le parapluie
parapluie

le t-shirt
t-shirt

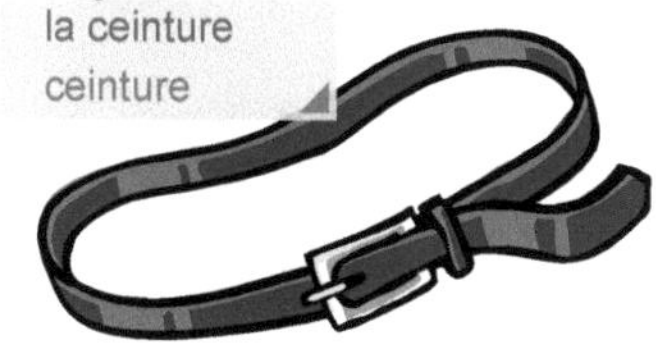

la ceinture
ceinture

les bottes
bottes

les pantoufles
pantoufles

les baskets
baskets

les sandales

sandales

les chaussures

chaussures

les bottes de caoutchouc

bottes de caoutchouc

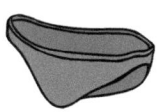

les sous-vêtements

linge de corps

le soutien-gorge

soutien-gorge

le maillot de corps

maillot de corps

le body

body

le pantalon

pantalon

le jean

jean

la jupe

jupe

le chemisier

chemisier

la chemise

chemise

le pull

pull

le sweat à capuche

pull-over à capuche

la veste

veste

la veste

veste

le manteau

manteau

l'imperméable

imperméable

le costume

costume

la robe

robe

la robe de mariée

robe de mariée

les vêtements - vêtements

le costume

costume

la chemise de nuit

chemise de nuit

le pyjama

pyjama

le sari

sari

le foulard

foulard

le turban

turban

la burqa

burqa

le caftan

caftan

l'abaya

abaya

le maillot de bain

maillot de bain

le maillot de bain

costume de bain

le short

cuissettes

la tenue d'entraînement

tenue d'entraînement

le tablier

tablier

les gants

gants

le bouton

bouton

les lunettes

lunettes

le bracelet

bracelet

le collier

collier

la bague

bague

la boucle d'oreille

boucle d'oreille

le bonnet

bonnet

le cintre

cintre

le chapeau

chapeau

la cravate

cravate

la fermeture éclair

fermeture éclair

le casque

casque

les bretelles

bretelles

l'uniforme scolaire

uniforme scolaire

l'uniforme

uniforme

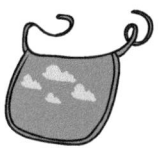

le bavoir

bavoir

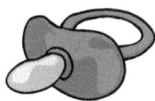

la sucette

sucette

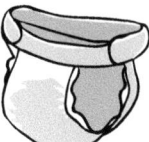

la lange

couche

le bureau
bureau

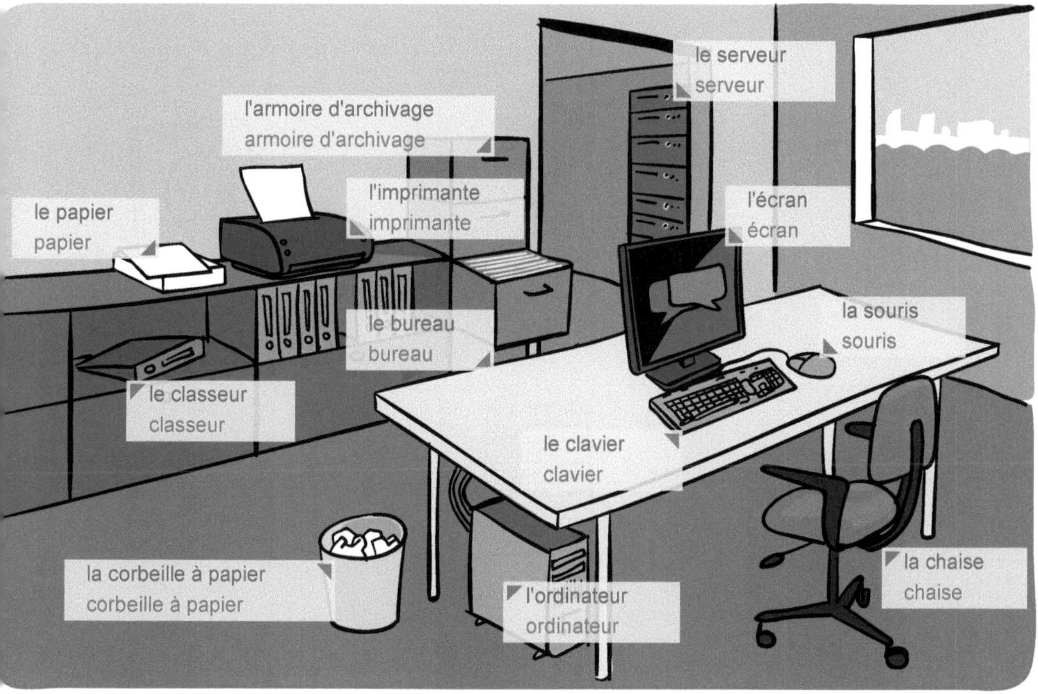
le serveur
serveur
l'armoire d'archivage
armoire d'archivage
l'imprimante
imprimante
le papier
papier
l'écran
écran
le bureau
bureau
la souris
souris
le classeur
classeur
le clavier
clavier
la corbeille à papier
corbeille à papier
l'ordinateur
ordinateur
la chaise
chaise

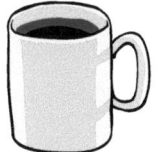

la tasse de café

tasse à café

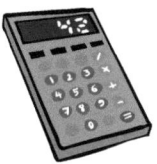

la calculatrice

calculatrice

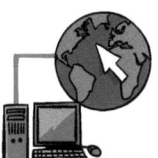

l'internet

internet

l'ordinateur portable

ordinateur portable

la lettre

lettre

le message

message

le portable

portable

le réseau

réseau

la photocopieuse

photocopieuse

le logiciel

logiciel

le téléphone

téléphone

la prise

prise

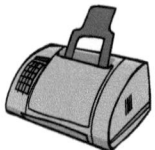

le fax

fax

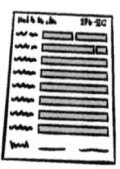

le formulaire

formulaire

le document

document

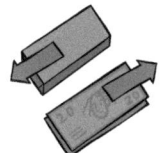

acheter
....
acheter

payer
....
payer

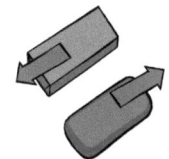

faire du commerce
....
marchander

la monnaie
....
monnaie

le dollar
....
dollar

l'euro
....
euro

le yen
....
yen

le rouble
....
rouble

le franc suisse
....
franc suisse

le renminbi yuan
....
renminbi yuan

la roupie
....
roupie

le distributeur automatique

....
distributeur automatique

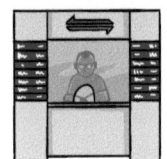

le bureau de change

bureau de change

l'or

or

l'argent

argent

le pétrole

pétrole

l'énergie

énergie

le prix

prix

le contrat

contrat

la taxe

taxe

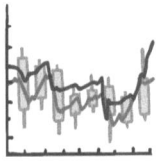

l'action

action

travailler

travailler

l'employé

employé

l'employeur

employeur

l'usine

usine

le magasin

magasin

les professions
professions

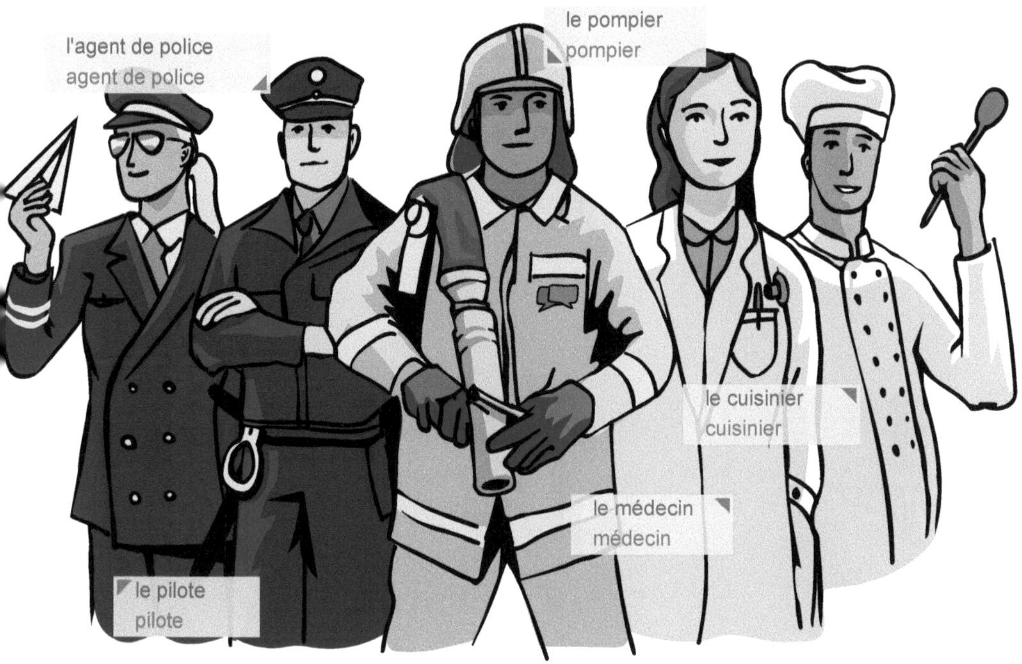
l'agent de police
agent de police
le pompier
pompier
le cuisinier
cuisinier
le médecin
médecin
le pilote
pilote

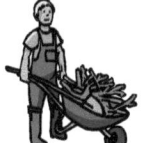

le jardinier
jardinier

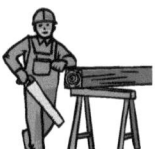

le menuisier
menuisier

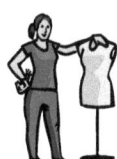

la couturière
couturière

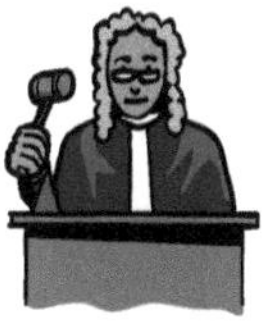

le juge
juge

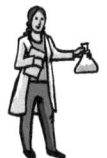

le chimiste
chimiste

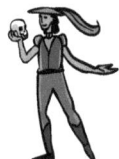

l'acteur
acteur

le conducteur de bus

conducteur de bus

le chauffeur de taxi

chauffeur de taxi

le pêcheur

pêcheur

la femme de ménage

femme de ménage

le couvreur

couvreur

le serveur

serveur

le chasseur

chasseur

le peintre

peintre

le boulanger

boulanger

l'électricien

électricien

l'ouvrier

ouvrier

l'ingénieur

ingénieur

le boucher

boucher

le plombier

plombier

le facteur

facteur

le soldat

soldat

l'architecte

architecte

le caissier

caissier

le fleuriste

fleuriste

le coiffeur

coiffeur

le contrôleur

contrôleur

le mécanicien

mécanicien

le capitaine

capitaine

le dentiste

dentiste

le scientifique

scientifique

le rabbin

rabbin

l'imam

imam

le moine

moine

le prêtre

prêtre

les outils
outils

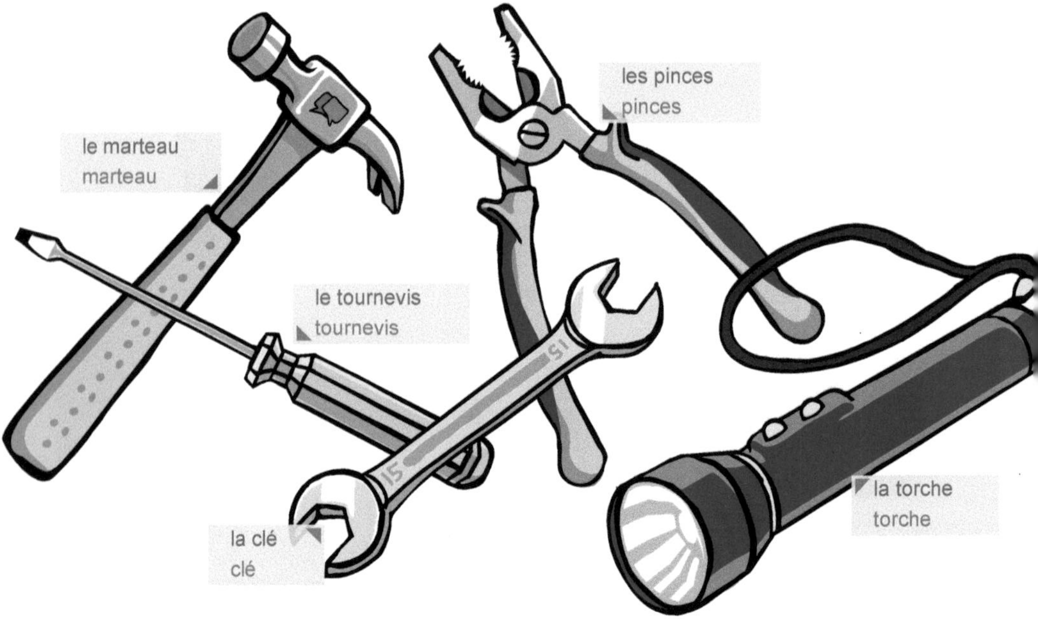

le marteau
marteau
les pinces
pinces
le tournevis
tournevis
la clé
clé
la torche
torche

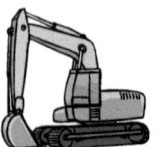

la pelleteuse

pelleteuse

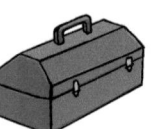

la boîte à outils

boîte à outils

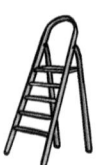

l'échelle

échelle

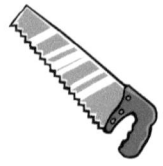

la scie

scie

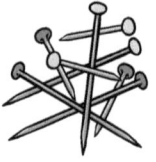

les clous

clous

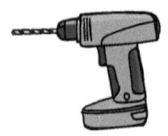

la perceuse

perceuse

réparer

réparer

la pelle

pelle

Mince !

Mince!

la pelle

pelle

le pot de peinture

pot de peinture

les vis

vis

les instruments de musique

instruments de musique

le haut-parleurs
haut-parleur

la batterie
batterie

la guitare
guitare

la contrebasse
contrebasse

la trompette
trompette

le piano

piano

le violon

violon

la basse

basse

les timbales

timbales

le tambour

tambour

le piano électrique

piano électrique

le saxophone

saxophone

la flûte

flûte

le microphone

microphone

le zoo
zoo

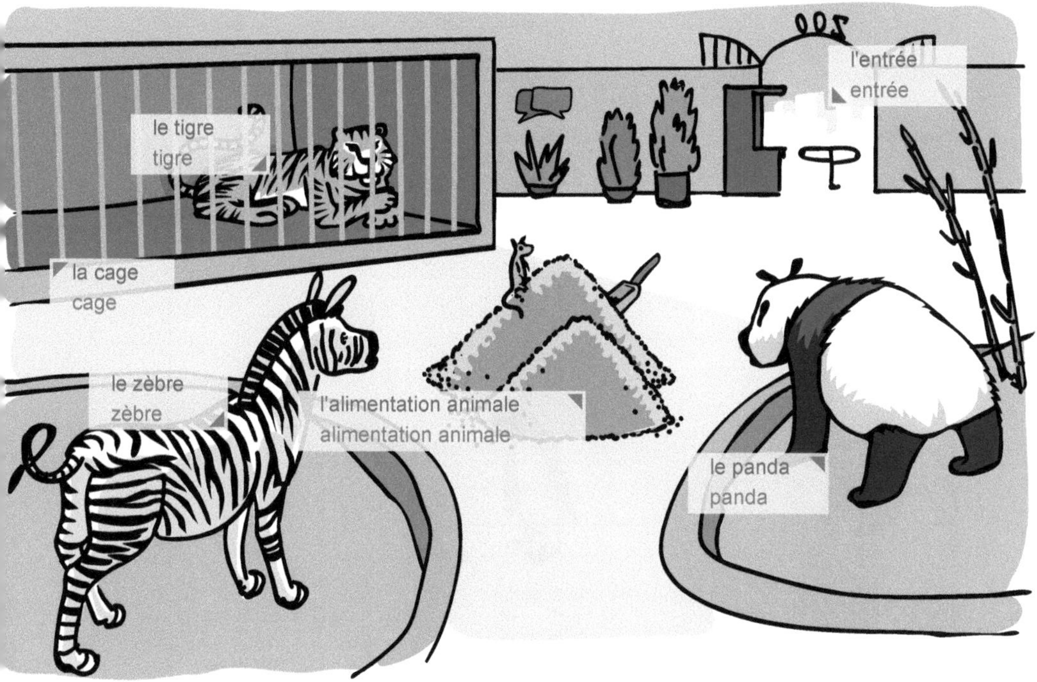

l'entrée
entrée
le tigre
tigre
la cage
cage
le zèbre
zèbre
l'alimentation animale
alimentation animale
le panda
panda

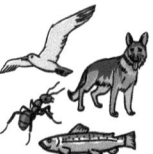

les animaux
animaux

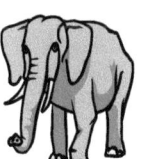

l'éléphant
éléphant

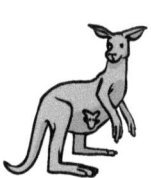

le kangourou
kangourou

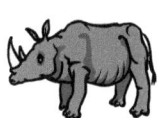

le rhinocéros
rhinocéros

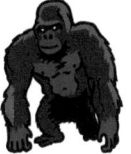

le gorille
gorille

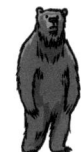

l'ours
ours

le chameau

chameau

l'autruche

autruche

le lion

lion

le singe

singe

le flamand rose

flamand rose

le perroquet

perroquet

l'ours polaire

ours polaire

le pingouin

pingouin

le requin

requin

le paon

paon

le serpent

serpent

le crocodile

crocodile

le gardien de zoo

gardien de zoo

le phoque

phoque

le jaguar

jaguar

le poney

poney

le léopard

léopard

l'hippopotame

hippopotame

la girafe

girafe

l'aigle

aigle

le sanglier

sanglier

le poisson

poisson

la tortue

tortue

le morse

morse

le renard

renard

la gazelle

gazelle

l'american Football
american Football

le cyclisme
cyclisme

le tennis
tennis

le basket-ball
basket-ball

la natation
natation

le hockey sur glace
hockey sur glace

la boxe
boxe

le football
football

le badminton
badminton

l'athlétisme
athlétisme

le handball
handball

le ski
ski

le polo
polo

les activités
activités

rire
rire
sauter
sauter
embrasser
embrasser
marcher
marcher
chanter
chanter
rêver
rêver
prier
prier
faire la bise
faire la bise

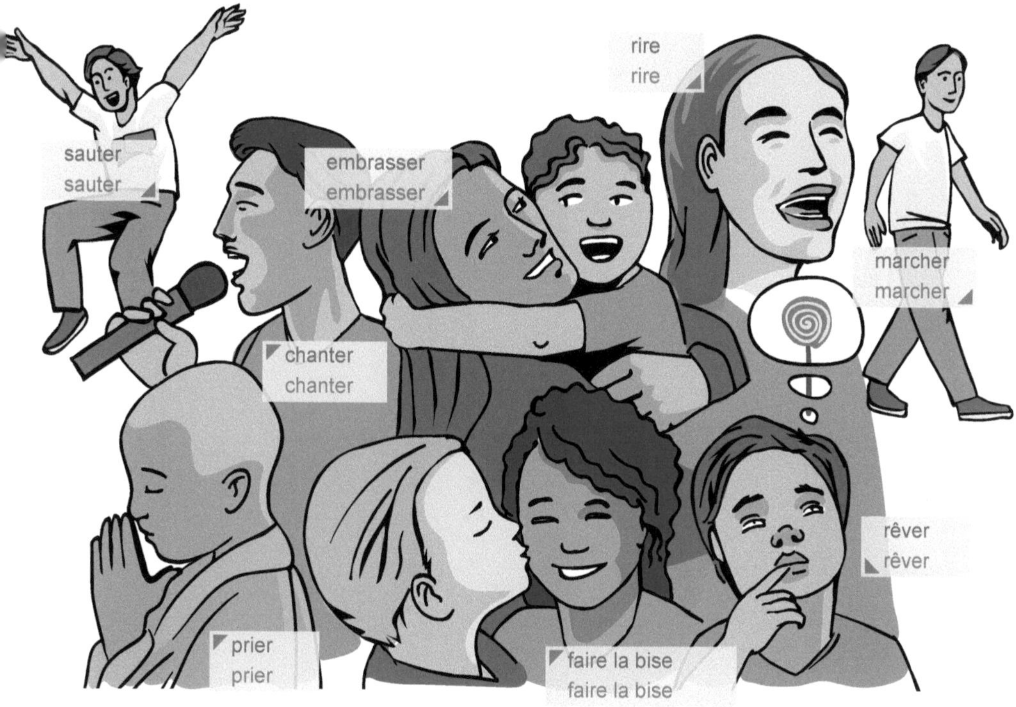

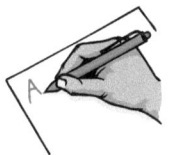

écrire

écrire

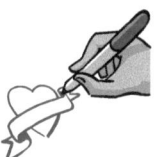

dessiner

dessiner

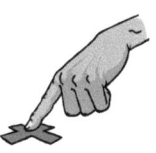

montrer

montrer

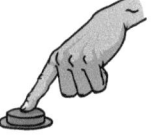

pousser

pousser

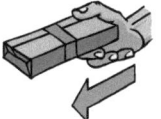

donner

donner

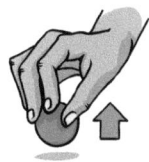

prendre

prendre

avoir

avoir

faire

faire

être

être

être debout

être debout

courir

courir

trier

trier

jeter

jeter

tomber

tomber

être couché

être couché

attendre

attendre

porter

porter

être assis

être assis

s'habiller

s'habiller

dormir

dormir

se réveiller

se réveiller

regarder

regarder

pleurer

pleurer

caresser

caresser

peigner

peigner

parler

parler

comprendre

comprendre

demander

demander

écouter

écouter

boire

boire

manger

manger

ranger

ranger

aimer

aimer

cuire

cuire

conduire

conduire

voler

voler

les activités - activités

faire de la voile
faire de la voile

calculer
calculer

lire
lire

apprendre
apprendre

travailler
travailler

se marier
se marier

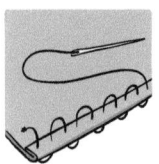

coudre
coudre

brosser les dents
se brosser les dents

tuer
tuer

fumer
fumer

envoyer
envoyer

la grand-mère
grand-mère

le grand-père
grand-père

le père
père

la mère
mère

le bébé
bébé

la fille
fille

le fils
fils

l'hôte

hôte

la tante

tante

l'oncle

oncle

le frère

frère

la sœur

sœur

le corps
corps

le front
front
l'œil
œil
l'épaule
épaule
le doigt
doigt
le visage
visage
le menton
menton
la main
main
la jambe
jambe
la poitrine
poitrine
le bras
bras

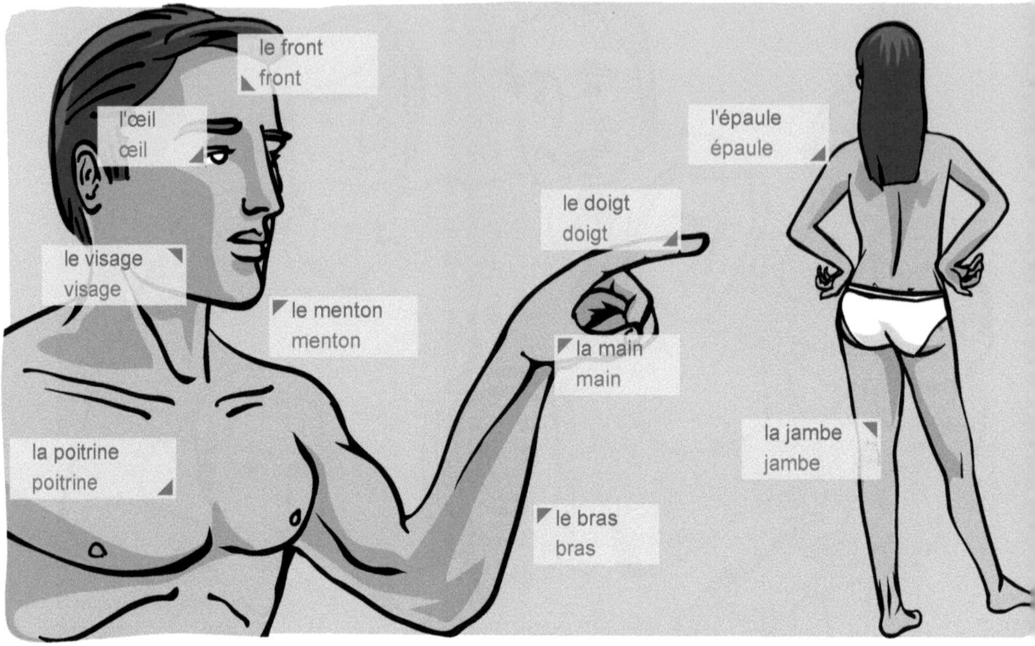

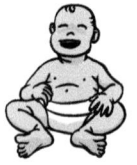

le bébé
bébé

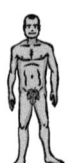

l'homme
homme

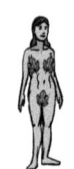

la femme
femme

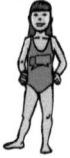

la fille
fille

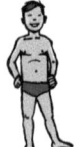

le garçon
garçon

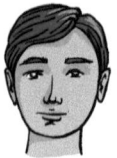

la tête
tête

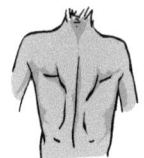

le dos

dos

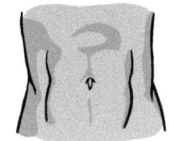

le ventre

ventre

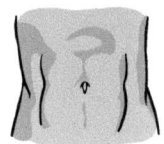

le nombril

nombril

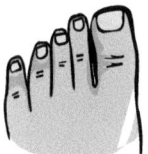

l'orteil

orteil

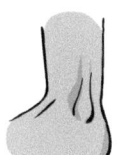

le talon

talon

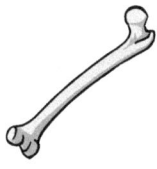

l'os

os

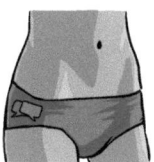

la hanche

hanche

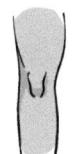

le genou

genou

le coude

coude

le nez

nez

les fesses

fesses

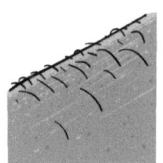

la peau

peau

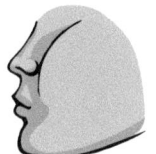

la joue

joue

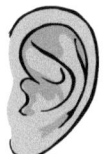

l'oreille

oreille

la lèvre

lèvre

le corps - corps

la bouche

bouche

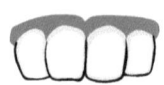

la dent

dent

la langue

langue

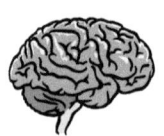

le cerveau

cerveau

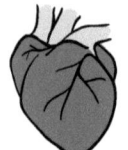

le cœur

cœur

le muscle

muscle

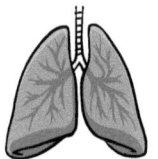

les poumons

poumons

le foie

foie

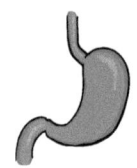

l'estomac

estomac

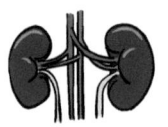

les reins

reins

le rapport sexuel

rapport sexuel

le préservatif

préservatif

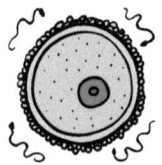

l'ovule

ovule

le sperme

sperme

la grossesse

grossesse

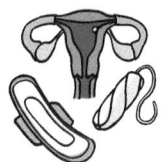

la menstruation

menstruation

le vagin

vagin

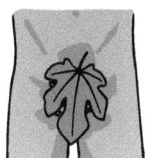

le pénis

pénis

le sourcil

sourcil

les cheveux

cheveux

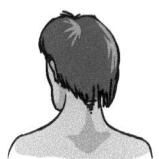

le cou

cou

l'hôpital
hôpital

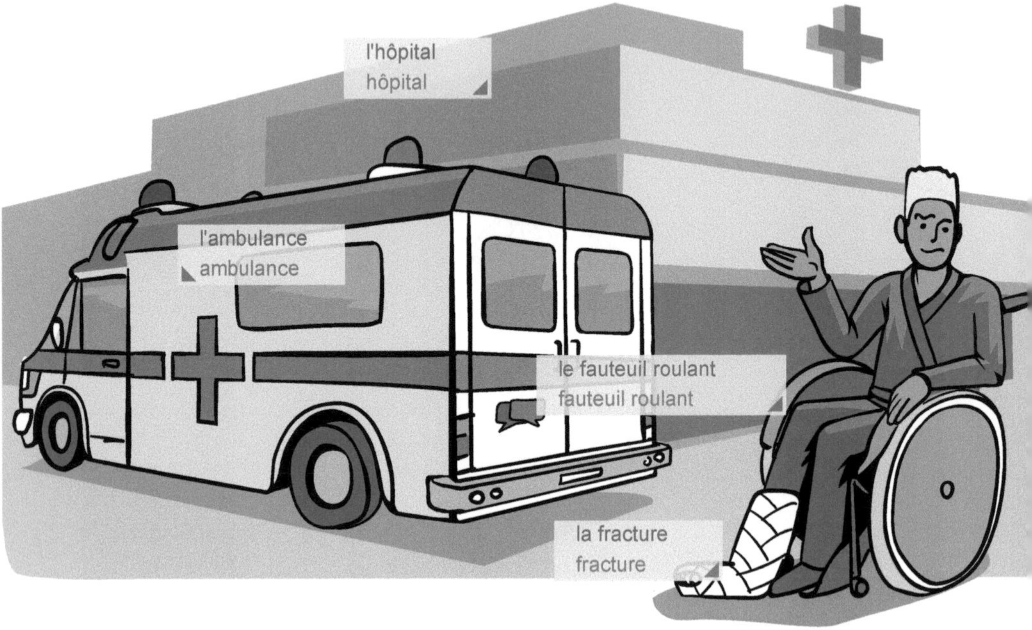

l'hôpital
hôpital
l'ambulance
ambulance
le fauteuil roulant
fauteuil roulant
la fracture
fracture

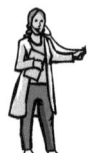

le médecin

médecin

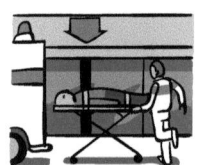

le service des urgences

service des urgences

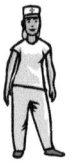

l'infirmière

infirmière

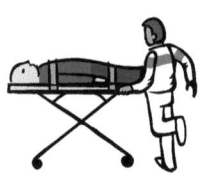

l'urgence

urgence

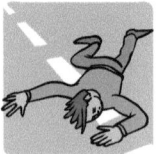

inconscient

inconscient

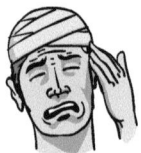

la douleur

douleur

la blessure

blessure

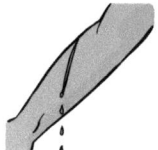

l'hémorragie

hémorragie

la crise cardiaque

crise cardiaque

l'attaque cérébrale

attaque cérébrale

l'allergie

allergie

la toux

toux

la fièvre

fièvre

la grippe

grippe

la diarrhée

diarrhée

le mal de tête

mal de tête

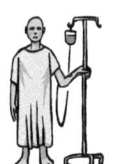

le cancer

cancer

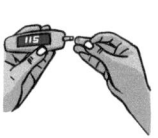

le diabète

diabète

le chirurgien

chirurgien

le scalpel

scalpel

l'opération

opération

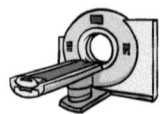

le CT

CT

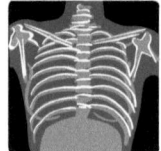

la radiographie

radiographie

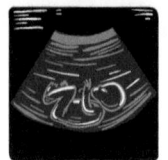

l'échographie

échographie

le masque

masque

la maladie

maladie

la salle d'attente

salle d'attente

la béquille

béquille

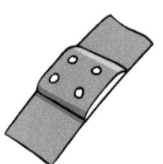

le pansement

pansement

le pansement

pansement

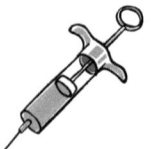

l'injection

injection

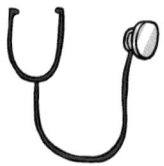

le stéthoscope

stéthoscope

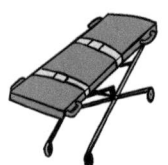

le brancard

brancard

le thermomètre

thermomètre

l'accouchement

accouchement

la surcharge pondérale

surpoids

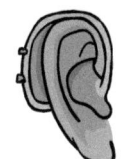

l'appareil auditif

appareil auditif

le désinfectant

désinfectant

l'infection

infection

le virus

virus

le VIH / le sida

VIH / sida

le médicament

médicament

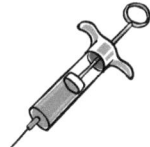

la vaccination

vaccination

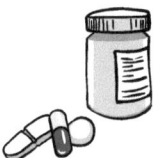

les comprimés

tablettes

la pilule

pilule

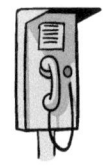

l'appel d'urgence

appel d'urgence

le tensiomètre

tensiomètre

malade / sain

malade / sain

Au secours !

Au secours!

l'assaut

agression

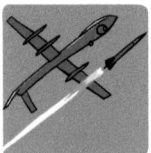

l'attaque

attaque

le danger

danger

la sortie de secours

sortie de secours

Au feu!

Au feu!

l'extincteur

extincteur

l'accident

accident

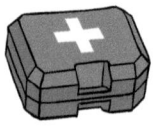

la trousse de premier secours

trousse de premier secours

SOS

SOS

la police

police

l'Europe

Europe

l'Amérique du Nord

Amérique du Nord

l'Amérique du Sud

Amérique du Sud

l'Afrique

Afrique

l'Asie

Asie

l'Australie

Australie

l'Océan atlantique

Océan atlantique

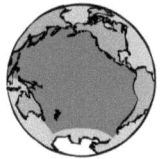

l'Océan pacifique

Océan pacifique

l'Océan indien

Océan indien

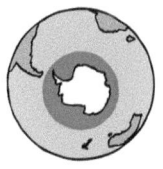

l'Océan antarctique

Océan antarctique

l'Océan arctique

Océan arctique

le Pôle nord

Pônord

le Pôle sud

Pôsud

l'Antarctique

Antarctique

la terre

terre

le pays

pays

la mer

mer

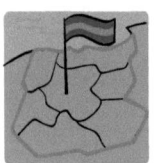

l'île

île

la nation

nation

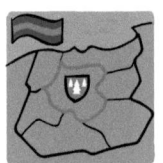

l'état

état

le cadran

cadran

l'aiguille des heures

aiguille des heures

l'aiguille des minutes

aiguille des minutes

l'aiguille des secondes

aiguille des secondes

Quelle heure est-il ?

Quelle heure est-il?

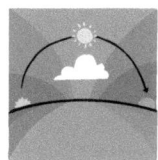

le jour

jour

le temps

temps

maintenant

maintenant

la montre digitale

montre digitale

la minute

minute

l'heure

heure

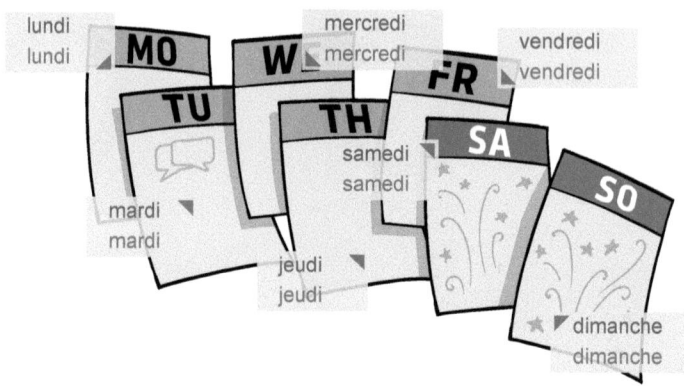

lundi
lundi

mercredi
mercredi

vendredi
vendredi

mardi
mardi

samedi
samedi

jeudi
jeudi

dimanche
dimanche

hier

hier

aujourd'hui

aujourd'hui

demain

demain

le matin

matin

le midi

midi

le soir

soir

les jours ouvrables

jours ouvrables

le week-end

week-end

l'année

année

l'arc-en-ciel
arc-en-ciel
la pluie
pluie
la neige
neige
le vent
vent
le printemps
printemps
l'automne
automne
l'été
été
l'hiver
hiver

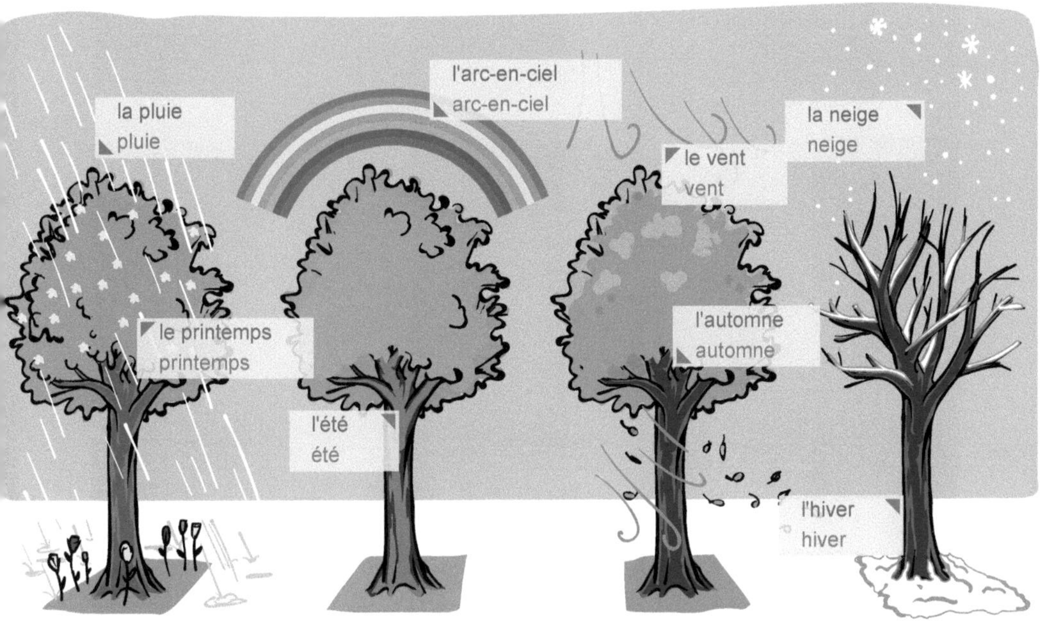

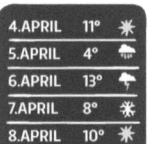

4.APRIL 11°
5.APRIL 4°
6.APRIL 13°
7.APRIL 8°
8.APRIL 10°

la météo

météo

F
C
120
90
60
30
0
-30
40
30
20
10
0
-10
-20

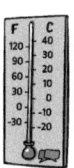

le thermomètre

thermomètre

la lumière du soleil

lumière du soleil

le nuage

nuage

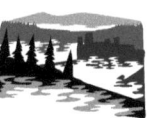

le brouillard

brouillard

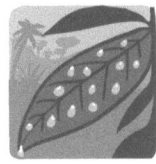

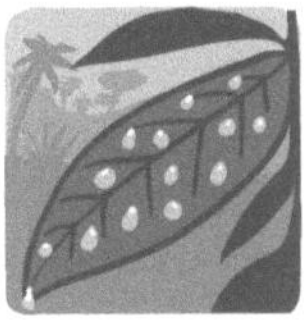

l'humidité

humidité

la foudre

foudre

la tonnerre

tonnerre

la tempête

tempête

la grêle

grêle

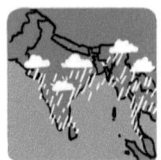

la mousson

mousson

l'inondation

inondation

la glace

glace

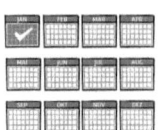

janvier

janvier

février

février

mars

mars

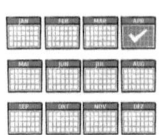

avril

avril

mai

mai

juin

juin

juillet

juillet

août

août

l'année - année

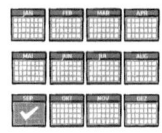

septembre
....
septembre

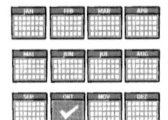

octobre
....
octobre

novembre
....
novembre

décembre
....
décembre

les formes

formes

le cercle
....
cercle

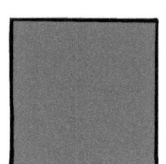

le carré
....
carré

le rectangle
....
rectangle

le triangle
....
triangle

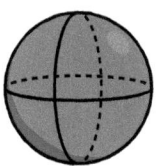

la sphère
....
sphère

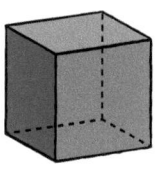

le cube
....
cube

blanc

blanc

jaune

jaune

orange

orange

rose

rose

rouge

rouge

violet

violet

bleu

bleu

vert

vert

marron

marron

gris

gris

noir

noir

beaucoup / peu

beaucoup / peu

fâché / calme

fâché / calme

joli / laid

joli / laid

le début / la fin

début / fin

grand / petit

grand / petit

clair / obscure

clair / obscure

frère / soeur

frère / sœur

propre / sale

propre / sale

complet / incomplet

complet / incomplet

le jour / la nuit

jour / nuit

mort / vivant

mort / vivant

large / étroit

large / étroit

comestible / incomestible

comestible / incomestible

méchant / gentil

méchant / gentil

excité / ennuyé

excité / ennuyé

gros / mince

gros / mince

le premier / le dernier

premier / dernier

l'ami / l'ennemi

ami / ennemi

plein / vide

plein / vide

dur / souple

dur / souple

lourd / léger

lourd / léger

faim / soif

faim / soif

malade / sain

malade / sain

illégal / légal

illégal / légal

intelligent / stupide

intelligent / stupide

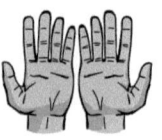

gauche / droite

gauche / droite

proche / loin

proche / loin

les oppositions - oppositions

nouveau / usé

nouveau / usé

rien / quelque chose

rien / quelque chose

vieux / jeune

vieux / jeune

marche / arrêt

marche / arrêt

ouvert / fermé

ouvert / fermé

faible / fort

faible / fort

riche / pauvre

riche / pauvre

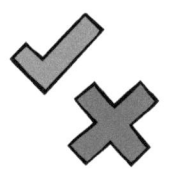

correct / incorrect

correct / incorrect

rugueux / lisse

rugueux / lisse

triste / heureux

triste / heureux

court / long

court / long

lent / rapide

lent / rapide

mouillé / sec

mouillé / sec

chaud / froid

chaud / froid

la guerre / la paix

guerre / paix

nombres

0

zéro
zéro

1

un / une
un

2

deux
deux

3

trois
trois

4

quatre
quatre

5

cinq
cinq

6

six
six

7

sept
sept

8

huit
huit

9

neuf
neuf

10

dix
dix

11

onze
onze

12

douze

douze

13

treize

treize

14

quatorze

quatorze

15

quinze

quinze

16

seize

seize

17

dix-sept

dix-sept

18

dix-huit

dix-huit

19

dix-neuf

dix-neuf

20

vingt

vingt

100

cent

cent

1.000

mille

mille

1.000.000

le million

million

les nombres - nombres

l'anglais

anglais

l'anglais américain

anglais américain

le chinois mandarin

chinois mandarin

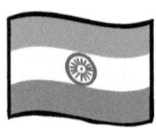

le hindi

hindi

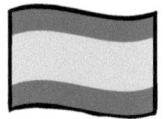

l'espagnol

espagnol

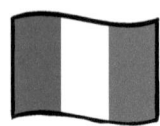

le français

français

l'arabe

arabe

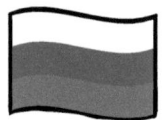

le russe

russe

le portugais

portugais

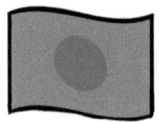

le bengali

bengali

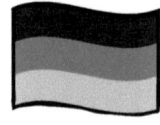

l'allemand

allemand

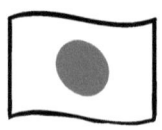

le japonais

japonais

je

je

tu

tu

il / elle / ce, c', cela

il / elle

nous

nous

vous

vous

ils / elles

ils / elles

Qui ?

qui?

Quoi ?

quoi?

Comment ?

comment?

Où ?

où?

Quand ?

quand?

le nom

nom

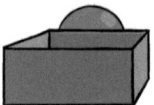

derrière

derrière

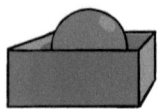

dans

dans

devant

devant

au-dessus

au-dessus

sur

sur

en-dessous

en-dessous

à côté de

à côté de

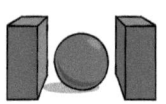

entre

entre

le lieu

lieu